Info-animaux

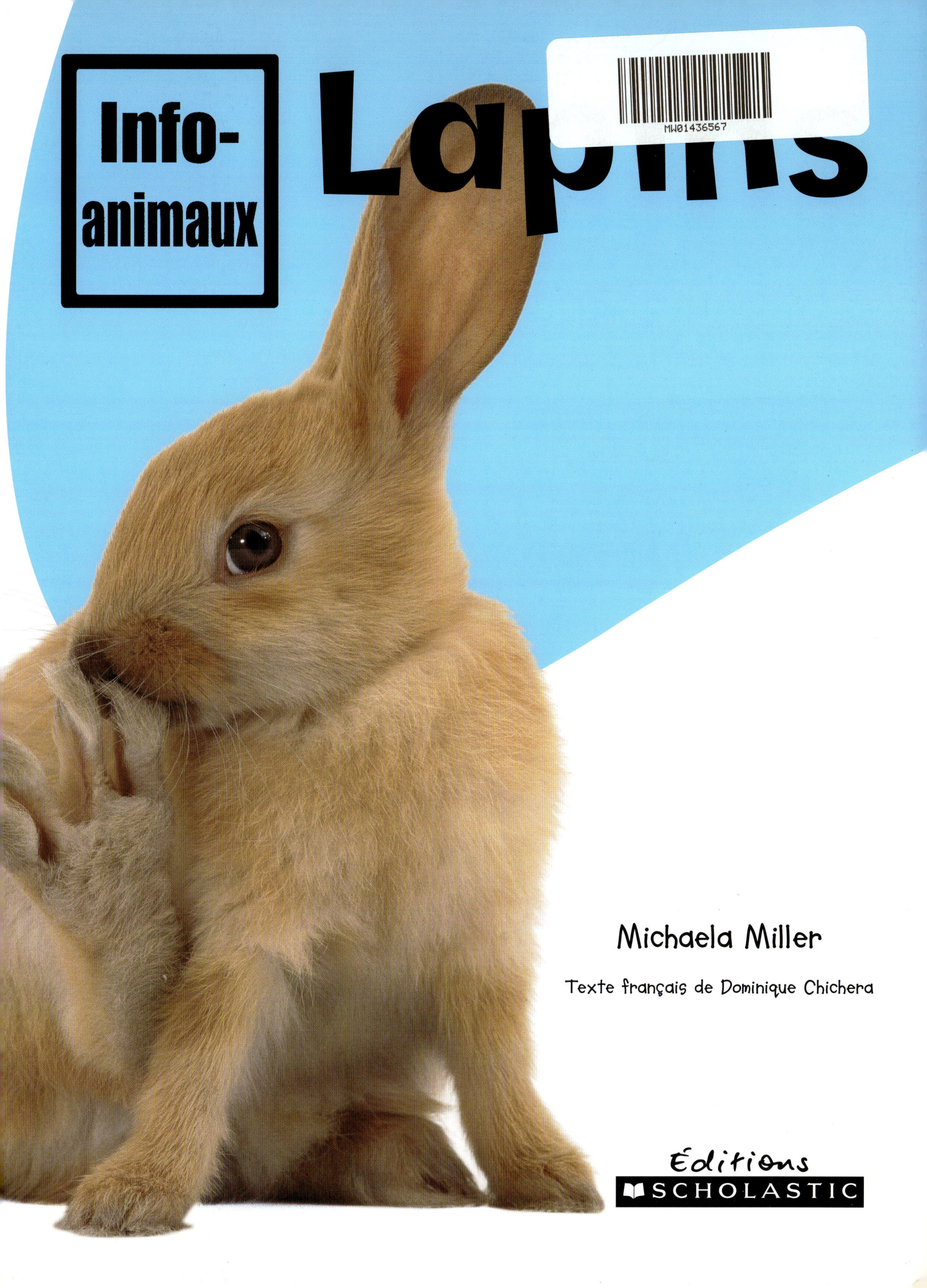

Lapins

Michaela Miller

Texte français de Dominique Chichera

Éditions Scholastic

Les mots en caractères **gras** sont expliqués dans le glossaire à la page 30.

Copyright © QED Publishing, 2006.
Copyright © Éditions Scholastic, 2009, pour le texte français.
Tous droits réservés.

Il est interdit de reproduire, d'enregistrer ou de diffuser, en tout ou en partie, le présent ouvrage par quelque procédé que ce soit, électronique, mécanique, photographique, sonore, magnétique ou autre, sans avoir obtenu au préalable l'autorisation écrite de l'éditeur. Pour toute information concernant les droits, s'adresser à QED Publishing, une division de Quarto Group Company, 226 City Road, Londres EC1V 2TT, R.-U.

Édition publiée par les Éditions Scholastic, 604, rue King Ouest, Toronto (Ontario) M5V 1E1

5 4 3 2 1   Imprimé en Chine   09 10 11 12 13

Catalogage avant publication de Bibliothèque et Archives Canada

Miller, Michaela, 1961-
Lapins / Michaela Miller ; texte français de Dominique Chichera.

(Info-animaux)

Traduction de: Rabbits.

Comprend un index.

Niveau d'intérêt selon l'âge: Pour enfants de 4 à 7 ans.
ISBN 978-0-545-98765-3

1. Lapins--Ouvrages pour la jeunesse. I. Titre. II. Collection:
Info-animaux (Toronto, Ont.)

SF453.2.M5514 2009   j636.932'2   C2008-905389-3

Écrit par Michaela Miller
Consultant : Chris Laurence
Conception graphique : Melissa Alaverdy
Directrice artistique : Zeta Davies
Photographies fournies par Warren Photographic

TABLE DES MATIÈRES

Le lapin qui te convient	4
La vie sauvage	6
Choisir tes lapins	8
Le lapin et ses amis	10
Se préparer à accueillir des lapins	12
Boire et manger	14
Prendre soin de tes lapins	16
L'entretien du clapier	18
Les autres animaux de la maison	20
Des lapins d'intérieur	22
Jouer avec tes lapins	24
Bilans de santé	26
Les soins aux lapins âgés	28
Glossaire	30
Index	31
Notes à l'intention des parents	32

Le lapin qui te convient

On pourrait penser qu'il est facile de posséder un lapin, car c'est un animal doux, câlin et gentil, mais s'en occuper est une lourde responsabilité. Il a besoin d'un ami lapin pour être heureux et de beaucoup d'espace pour bouger et faire de l'exercice.

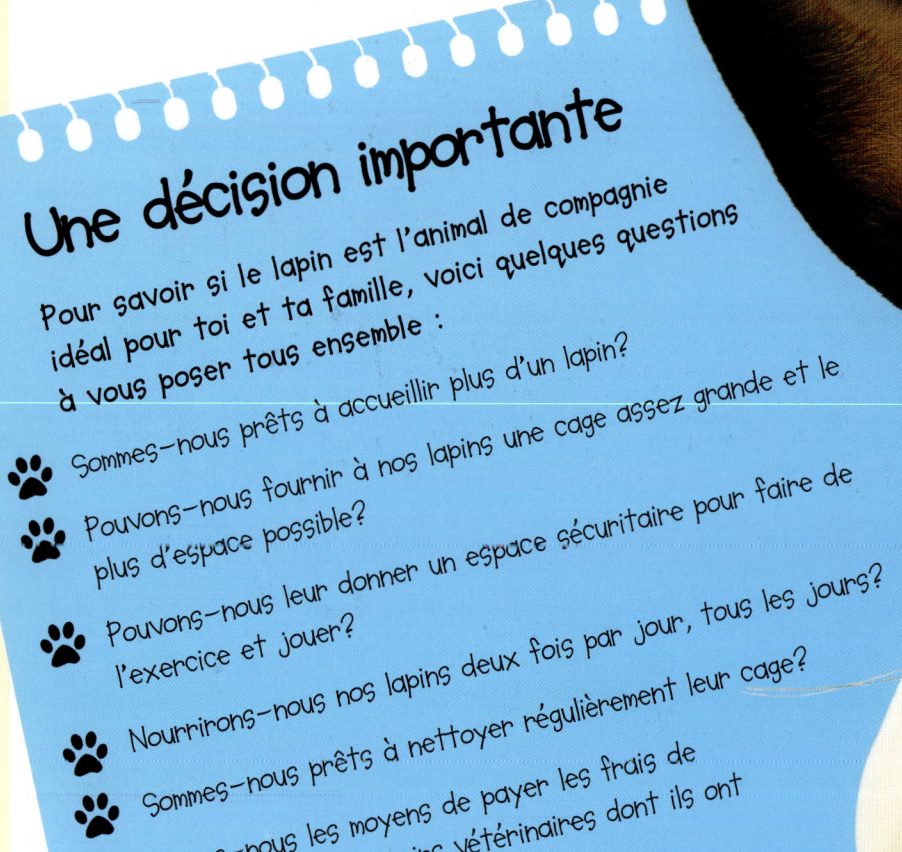

Une décision importante

Pour savoir si le lapin est l'animal de compagnie idéal pour toi et ta famille, voici quelques questions à vous poser tous ensemble :

- Sommes-nous prêts à accueillir plus d'un lapin?
- Pouvons-nous fournir à nos lapins une cage assez grande et le plus d'espace possible?
- Pouvons-nous leur donner un espace sécuritaire pour faire de l'exercice et jouer?
- Nourrirons-nous nos lapins deux fois par jour, tous les jours?
- Sommes-nous prêts à nettoyer régulièrement leur cage?
- Avons-nous les moyens de payer les frais de vaccination et les soins vétérinaires dont ils ont besoin?
- Pourrons-nous nous assurer que quelqu'un s'occupe bien d'eux quand nous partirons en vacances?

Si vous avez répondu « oui » à toutes les questions, alors le lapin est peut-être le compagnon idéal pour toi et ta famille!

Les races de lapins

Les lapins peuvent être aussi petits que les lapins nains néerlandais ou aussi grands que les Géants des Flandres, qui peuvent peser jusqu'à 9,5 kg. Les éleveurs ont sélectionné des lapins au fil des années pour qu'ils présentent diverses caractéristiques. Certains lapins ont le poil long, comme les angoras au pelage laineux, et d'autres ont de longues oreilles pendantes, comme les Béliers.

Espèces de lapins

Il existe trois espèces de lapins de race : les espèces dont le pelage est le même que celui des lapins sauvages, les lapins Satin et Rex dont la fourrure dense est très courte, et les lapins de races de fantaisie qui ont toutes sortes de caractéristiques. Les propriétaires les présentent à des concours et les lapins sont jugés sur leur apparence.

Un Géant des Flandres dressant ses magnifiques oreilles.

Un lapin angora très touffu.

Certains lapins ne conviennent pas à tous les propriétaires. Les lapins à poil long demandent beaucoup d'entretien. Un angora doit être brossé avec soin au moins une fois par jour. Les très grands lapins, tels que les Géants des Flandres, peuvent être trop lourds pour être portés, même par des adultes.

Un Bélier anglais avec d'énormes oreilles pendantes.

Un adorable lapin Papillon rhénan.

Les Béliers

Les éleveurs ont fait des croisements pour obtenir la race des Béliers. Ces lapins ont des oreilles qui pendent de chaque côté de leur tête. Contrairement à la majorité des lapins, les Béliers ne peuvent pas dresser leurs oreilles pour entendre. Elles sont si longues (environ 17 cm de largeur et jusqu'à 72 cm de longueur) qu'ils ont de la difficulté à se déplacer. Les griffes de leurs pattes antérieures doivent être coupées pour les empêcher d'écorcher leurs oreilles quand ils bougent.

La vie sauvage

Tous nos lapins domestiques descendent des lapins sauvages européens. L'élevage des lapins pour la consommation remonte au moins à 600 ans après Jésus-Christ. Bien que les lapins domestiques soient de diverses couleurs, tous les lapins sauvages d'Europe sont pratiquement identiques. Leur pelage est gris brun sur le dos, blanc ou gris pâle sur le ventre et la queue est blanche.

Vivre en communauté

Les lapins sauvages sont des animaux sociables qui vivent en groupes. C'est la raison pour laquelle de nombreux lapins domestiques sont plus heureux à deux ou en groupes. Ils peuvent se sentir seuls et déprimés s'ils sont isolés. Les lapins vivent dans des terriers souterrains reliés par des passages. Ils dorment dans leur terrier le jour et sortent pour se nourrir à l'aube ou à la tombée de la nuit. Les terriers se trouvent en général à l'orée des bois dans les zones herbeuses et peuvent abriter jusqu'à 30 lapins. Chaque terrier compte un mâle dominant et une femelle dominante.

Les lapins se servent de leur queue pour avertir les autres qu'il y a un danger.

Une femelle peut avoir jusqu'à huit **lapereaux** par portée et deux ou trois portées par an.

Les lapins dressent les oreilles pour écouter les moindres bruits.

Que mangent les lapins sauvages?

Les dents des lapins sont faites pour manger de l'herbe, des céréales et des plantes sauvages telles que ronces, séneçons, mourons et pissenlits. Le lapin sauvage mange aussi l'écorce des arbres. La nourriture rejetée par l'autre extrémité n'est que partiellement **digérée.** Le lapin mange alors ses crottes, qui passent de nouveau dans tout son système et sortent sous forme de petites boules dures, les déjections finales.

Les lapins sauvages européens ont été emmenés en Australie dans les années 1800. Ils se sont multipliés parce qu'ils n'avaient pas de prédateurs naturels.

Sous attaque

La fourrure des lapins sauvages leur permet de se camoufler. S'ils sont menacés, ils se tapissent sur le sol sans bouger. Les lapins se battent souvent pour défendre leur territoire. Afin de paraître plus féroces, ils baissent les oreilles et hérissent leur fourrure. Ils frappent le sol de leurs pattes arrière pour prévenir les autres lapins. Ils mordent et donnent des coups à l'animal qui les menace. Si les lapins domestiques ne veulent pas être portés, ils mordront et se débattront aussi.

Choisir tes lapins

Si tu décides d'adopter des lapins, demande à ton vétérinaire de te recommander de bons éleveurs ou de t'indiquer les refuges pour animaux qui se trouvent dans ta région. Les animaleries vendent aussi des lapins, mais il peut être difficile de retracer leur origine. De plus, des lapins de portées différentes y vivent ensemble, ce qui augmente le risque de propagation des maladies.

De bons élevages

Il est préférable de voir les jeunes lapins que tu veux acheter avec leur mère. Tu pourras ainsi te rendre compte s'ils viennent d'un environnement propre et sans maladie, si on en a pris soin et s'ils sont habitués à être choyés. Ceux que tu choisiras devraient avoir environ huit semaines pour que tu puisses facilement les prendre dans tes bras et les apprivoiser.

Les lapins ont besoin de vivre avec d'autres lapins. Il n'est pas gentil de garder un seul lapin, car il ne sera pas heureux.

Un compagnon en bonne santé

Les lapins en bonne santé se déplacent sans boiter ni montrer de signe de douleur. Lorsque tu prends le lapin dans tes bras, promène tes mains le long de son corps pour vérifier qu'il n'a pas de blessures, de bosses ou de parties sans poils. Les griffes du lapin doivent être courtes et les extrémités ne doivent pas être fendues. Ses dents doivent être propres et d'une longueur normale. Les lapins en bonne santé ne doivent présenter aucun signe de diarrhée; leurs crottes doivent être rondes et sèches. Un lapin dont le nez coule, qui éternue ou qui a une respiration difficile est probablement malade.

Un lapin en bonne santé a une fourrure propre et des yeux clairs et propres. Il dresse les oreilles (sauf si c'est un Bélier).

Les lapins angoras

Les lapins angoras sont l'une des races de lapins domestiques les plus anciennes. À la place de la fourrure, ils ont de la laine qui peut atteindre 12 cm de long. La laine doit être brossée pendant une demi-heure chaque jour et coupée régulièrement pour rester en bonne condition. En été, les propriétaires doivent s'assurer que leurs angoras n'ont pas de coup de chaleur à cause de leur pelage épais. Ces lapins peuvent aussi souffrir d'hypothermie (avoir trop froid) si leur fourrure est froide et humide.

Le lapin et ses amis

Il n'est pas gentil de laisser un lapin seul. Il est préférable d'adopter deux lapins, mais il faut t'assurer que ceux que tu choisis peuvent vivre heureux ensemble.

Quels lapins s'accordent bien?

Deux ou trois femelles de la même portée vivront heureuses ensemble. Deux mâles de la même portée peuvent aussi vivre ensemble, mais ils doivent être **stérilisés** pour les empêcher de se battre. Des mâles non stérilisés ne devraient pas être laissés avec des femelles. S'il t'est impossible d'avoir plusieurs lapins, le tien peut partager son environnement avec des poules ou des tortues.

Une tortue et un lapin peuvent s'entendre très bien. C'est étonnant, non?

Les lapins et les cochons d'Inde

Tu peux voir des lapins et des cochons d'Inde vivre ensemble, mais ce n'est pas une bonne idée. À moins que le lapin et le cochon d'Inde n'aient grandi ensemble, le lapin va certainement tyranniser et faire du mal au cochon d'Inde. Pour un lapin, le meilleur compagnon est un autre lapin et pour le cochon d'Inde, le meilleur compagnon est un autre cochon d'Inde.

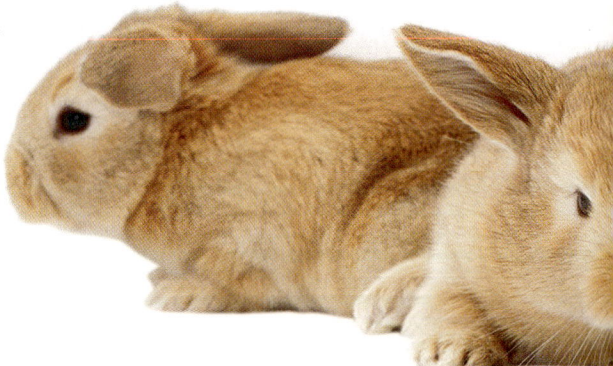

De nouveaux amis

Si tu as deux lapins et que l'un d'eux meure, celui qui reste se sentira seul. Il faudrait lui trouver un nouvel ami. Choisis un jeune lapin, mais veille à ce qu'il ne soit pas tyrannique. Il devrait être du même sexe que celui qui est mort. Mets le nouveau lapin dans une cage près de celle de l'ancien. Quand ils se seront habitués l'un à l'autre, tu pourras les laisser sortir sous ta surveillance. Après cette première étape, tu pourras les placer dans un clapier comportant une cloison de séparation. Fais un trou dans la cloison de la grosseur du jeune lapin; il pourra ainsi s'isoler. Après un certain temps, s'ils s'entendent bien, ils pourront vivre ensemble sans cloison.

Ton lapin a plus de chances de s'entendre avec un jeune lapin qu'avec un lapin adulte.

De grâce, pas de bébés!

Laisser tes lapins se reproduire n'est pas une bonne idée, car il y a déjà trop de lapins non désirés. La meilleure façon de les empêcher de se reproduire est de ne pas garder les mâles et les femelles ensemble. Si tu gardes ensemble un mâle et une femelle de la même portée, tu devrais les faire stériliser, sinon ils s'accoupleront et auront jusqu'à 24 bébés par année. De nombreux vétérinaires recommandent la stérilisation des femelles. En effet, si elles ne sont pas stérilisées, elles ont plus de risques d'attraper des infections ou des maladies.

Se préparer à accueillir des lapins

Avant de ramener tes lapins à la maison, tu dois avoir un endroit où les faire vivre. Ils auront besoin à la fois d'un clapier et d'une zone d'exercice où ils pourront brouter et s'amuser en toute sécurité.

Une rampe devrait mener du clapier à une zone d'exercice clôturée pour tenir les prédateurs à distance et pour empêcher les lapins de sortir.

Bien chez soi

Les clapiers situés à l'extérieur doivent être à l'abri des intempéries et en hauteur pour protéger les lapins de l'humidité et des prédateurs. Le toit doit être feutré et en pente pour laisser couler l'eau de pluie. La maison de tes lapins ne doit pas être exposée à la lumière directe et au vent. Elle doit être divisée en deux : un compartiment pour la journée, avec une porte grillagée qui laisse entrer la lumière, et un autre avec une porte pleine où les lapins peuvent dormir la nuit et se réfugier lorsqu'il fait froid ou humide. Par temps très chaud ou très froid, les lapins devraient être gardés dans des clapiers à l'intérieur, pas dans un jardin d'hiver, une serre ou un garage.

Un lapin est souvent effrayé si quelque chose bouge au-dessus de lui parce que, dans la nature, il peut être attaqué du dessus. Quand tu joues avec ton compagnon, mets-toi à son niveau.

La bonne hauteur

Le clapier doit être assez haut pour que des lapins adultes puissent se tenir debout sur leurs pattes arrière. Il doit aussi être long pour que tous les lapins puissent s'étendre en même temps et faire deux ou trois bonds d'une extrémité à l'autre.

Pour faire de beaux rêves

La maison de tes lapins doit être aménagée pour qu'ils puissent s'y reposer. Mets des journaux dans chacun des deux compartiments, puis de la litière pour chats non agglomérante et de la pulpe de bois sur environ 5 cm d'épaisseur. Dans le compartiment réservé au repos, il faut une couche de paille ou de foin par-dessus la pulpe de bois. Par temps froid, les lapins seront heureux de dormir à l'intérieur d'une botte de foin entière!

Quand le clapier est surélevé, il est plus facile à nettoyer.

Pas de peinture, s'il te plaît

La peinture risque d'empoisonner tes lapins, donc toute partie peinte du clapier doit être éloignée de la zone où les lapins vivent. L'extérieur du clapier peut être traité avec un produit qui protège le bois pour qu'il dure plus longtemps. Ne mets les lapins dans le clapier qu'une fois que le produit est complètement sec.

Boire et manger

Les lapins domestiques qui vivent dans une cage ne peuvent pas se procurer leur nourriture comme ils le feraient dans la nature. Ils dépendent donc de toi. Tu dois leur fournir la nourriture et l'eau dont ils ont besoin pour être heureux et en bonne santé.

Le régime approprié

Le régime alimentaire des lapins contient des aliments similaires à ceux qu'ils mangeraient dans la nature, principalement de l'herbe (fraîche ou sèche) et du foin de bonne qualité. Sépare le foin destiné à la nourriture de celui utilisé comme litière et mets-le dans une mangeoire dans le clapier. Tu trouveras des **granulés concentrés** pour les lapins dans toutes les animaleries. Dépose-les dans un pot en céramique lourd, facile à nettoyer. N'en donne pas à tes lapins plus qu'il n'est recommandé, car tu les ferais grossir.

L'herbe, le foin, les granulés pour lapins et les légumes font partie du régime alimentaire des lapins.

14

La verdure... miam!

Même si les granulés contiennent beaucoup de vitamines et de minéraux, les lapins ont besoin de manger d'autres aliments. Dans la nature, ils mangent beaucoup de verdure, donc ils aimeront le brocoli, le chou, la chicorée, les bettes, le persil, le cresson, les feuilles de céleri, le basilic, le chou frisé, les carottes et les feuilles de betteraves. Si tu peux te procurer des plantes sauvages, telles que trèfles, pourpiers et pissenlits, ce sont aussi de bons aliments. Cependant, les plantes sauvages ne conviennent pas toutes aux lapins. La digitale pourprée, les boutons d'or, la chélidoine, les linaires, les coquelicots, les anémones, le sureau et les liserons entre autres choses peuvent empoisonner tes lapins.

Les pissenlits sont bons pour les lapins, mais toutes les plantes sauvages ne le sont pas; fais donc bien attention à ce que tu donnes à manger à tes lapins.

Les lapins ont besoin d'avoir, dans leur clapier, une « pierre à lécher » que tu peux acheter dans les animaleries. C'est une excellente façon de t'assurer qu'ils ont les vitamines et les minéraux nécessaires pour rester en bonne santé.

Produits contre les mauvaises herbes

Les lapins ont besoin de brouter et de faire de l'exercice dans un espace à l'extérieur, mais ne les laisse pas brouter dans un endroit traité avec du désherbant ou des **engrais**. Ces produits peuvent être très nocifs et même mortels pour les lapins. Tu peux ramasser des plantes sauvages pour tes lapins, mais lave-les avant de les leur donner.

Assure-toi que tes lapins ont toujours beaucoup d'eau à boire. Il est préférable d'accrocher une bouteille en plastique avec un embout en métal dans la cage, plutôt que d'utiliser un bol d'eau qui peut se souiller très vite.

Prendre soin de tes lapins

Prends doucement et souvent les jeunes lapins dans tes bras pour les habituer à être touchés par une personne. Un lapin qui n'a pas l'habitude des contacts avec les humains peut mordre, donner des coups de patte, griffer et essayer de s'échapper quand on le prend.

Comment le prendre?

La meilleure façon de prendre un lapin est de le faire avec les deux mains. Mets une main sur son cou et l'autre sous son ventre en supportant ses pattes arrière. Tiens-le délicatement contre toi. Sa tête peut reposer contre ton épaule. Ne prends jamais un lapin par les oreilles ou juste par la peau du cou. Pour remettre le lapin dans son clapier, tiens-le à deux mains contre ton corps en supportant ses pattes et place-le doucement à l'intérieur, toujours par le devant du clapier et non par le dessus.

Supporte les pattes arrière de ton lapin quand tu le tiens afin qu'il ne puisse pas donner de coups de patte.

16

Le toilettage

Les lapins à poil court font leur toilette eux-mêmes et s'occupent de leur fourrure. Ils n'ont donc pas besoin d'un toilettage quotidien. Il est cependant conseillé de les toiletter régulièrement pour apprendre à bien les connaître et les habituer à être touchés. Utilise une brosse à poils souples pour éliminer les poils superflus et la peau morte.

Brosse toujours en commençant par la tête et en allant vers l'arrière, jamais dans le sens contraire.

Examen de santé

Profite du toilettage pour vérifier la présence de masses, de bosses ou de parties sans poils sur le corps. Tu peux aussi vérifier s'ils ont des puces et des mites, qui vivent dans les oreilles, et s'ils n'ont pas d'attaques de mouches. Cela se produit lorsqu'une mouche pond ses œufs dans les zones souillées de l'arrière-train, durant les périodes chaudes, quand les lapins sont gardés dans des clapiers sales ou s'ils sont trop gros pour bien faire leur propre toilette.

Coupe des griffes

Si les griffes de ton lapin sont trop longues et se fendillent, elles doivent être coupées pour éviter que les pattes ne deviennent douloureuses. Demande au vétérinaire de le faire la première fois et de te montrer ainsi qu'à l'adulte responsable de ton petit ami comment faire. Il coupera les griffes d'une façon nette avec des petits ciseaux conçus pour les animaux.

Pour emmener tes lapins chez le vétérinaire, il te faudra une cage sécuritaire et bien aérée qu'ils ne pourront pas mordiller.

17

L'entretien du clapier

Pour que tes lapins soient heureux et en bonne santé, leur habitat doit être propre et bien entretenu. Les lapins sont des animaux propres. S'ils vivent dans un environnement sale, ils peuvent être perturbés et développer des maladies.

Le nettoyage

Les lapins utilisent une partie de leur clapier comme toilette. Cet endroit doit être nettoyé tous les jours et la litière doit être remplacée. Si tu mets un bac à litière à cet endroit, les lapins s'en serviront comme toilette. Il te suffira donc de le nettoyer pour que la zone réservée à la toilette soit propre.

- Une ou deux fois par semaine, retire la litière et le papier journal qui recouvrent le sol. Mets de la litière propre et de nouvelles feuilles de papier journal.
- Nettoie le compartiment de repos tous les 10 à 14 jours.
- Lave la bouteille d'eau tous les jours et le bol de nourriture tous les deux ou trois jours.
- Assure-toi également que la zone réservée à l'exercice est propre.
- Trois ou quatre fois par an, vide complètement le clapier, lave-le et désinfecte-le avec les produits recommandés. Demande à ton vétérinaire ou au personnel de ton animalerie de t'indiquer les marques que tu peux utiliser sans danger. Rince tout parfaitement et attends que tout soit bien sec avant de remettre les lapins à l'intérieur.

Un bac à litière placé à l'intérieur de la cage facilite le nettoyage du clapier.

18

De l'herbe fraîche

Les lapins devraient être changés de place dans le jardin pour qu'ils broutent toujours de l'herbe fraîche. Dès que l'herbe a été mangée, disperse un peu de chaux sur cette zone. Ne ramène pas les lapins à cet endroit tant que l'herbe n'a pas repoussé. Laisse-les brouter au même endroit seulement deux ou trois fois par an, sinon ils risquent de tomber malades.

Les lapins ont besoin d'un endroit sécuritaire pour faire de l'exercice et pour brouter. Ils ont aussi besoin d'un endroit où ils peuvent se cacher s'ils sont effrayés, comme une boîte en carton retournée.

Trop chaud

Les lapins peuvent souffrir de coups de chaleur. Les clapiers et les espaces pour faire de l'exercice situés à l'extérieur ne doivent pas être en plein soleil. N'enferme pas tes lapins dans leur clapier lorsqu'il fait chaud. Ils ont besoin d'avoir un espace sécuritaire et ombragé pour brouter et jouer, et doivent pouvoir accéder à leur clapier s'ils le veulent. Par grandes chaleurs, ils devraient rester au frais, à l'intérieur.

Les autres animaux de la maison

Mets tes lapins en présence de chats et de chiens petit à petit et en faisant très attention. Si le comportement de tes lapins laisse supposer qu'ils ont peur, arrête l'expérience et tu pourras reprendre les rencontres plus tard en plaçant le chien ou le chat un peu plus loin.

Les chiens et les lapins

Pour présenter ton nouveau lapin à ton chien, il te faut un endroit calme ainsi que l'aide de l'adulte qui est responsable du chien. Chaque rencontre devrait durer de cinq à dix minutes.

Si ton chien a tendance à poursuivre les petits animaux, tels que les lapins, les écureuils, les oiseaux et les chats, il se peut qu'il traite tes compagnons de la même façon. Il devrait donc être tenu à l'écart si l'entraînement ne donne pas de bons résultats.

Les chats et les lapins

Les chats et les lapins s'entendent bien en général s'ils ont été présentés dans un endroit calme. Garde le lapin dans sa cage, porte fermée, et laisse le chat en faire le tour et renifler. Reste dans la pièce avec eux. Puis emmène le chat hors de la pièce et fais sortir le lapin de sa cage. Laisse-le se promener en reniflant pour qu'il s'habitue à la pièce. Après deux semaines d'entraînement, tu pourras ouvrir la porte de la cage du lapin pour voir comment le chat et le lapin se comportent. Tiens-toi prêt à les séparer si l'un ou l'autre paraît mécontent ou agressif. Ne les laisse jamais seuls.

Les chats et les lapins deviennent souvent de bons amis, mais n'oublie jamais que ton chat est un chasseur et qu'il peut attaquer un petit lapin.

Les séances d'entraînement

🐾 Mets le lapin dans une cage de transport, porte fermée, et reste près de lui. L'adulte garde le chien en laisse et lui donne les ordres habituels « assis » et « au pied ». Quand le chien obéit, il lui donne une gâterie. Si le chien regarde le lapin plutôt que l'adulte, il faut lui donner une gâterie pour attirer son attention. Si cela ne réussit pas, il vaut mieux faire sortir le chien de la pièce et faire une autre tentative plus tard.

🐾 Quand le chien est calme, amène-le en laisse près de la cage du lapin pour qu'il puisse en faire le tour en reniflant. Récompense-le de s'être bien conduit et d'avoir obéi aux ordres « assis » et « au pied ».

🐾 Ensuite, l'adulte amène le chien à l'autre bout de la pièce en le tenant en laisse et s'assure qu'il obéit aux ordres. Sors le lapin de sa cage et laisse-le se déplacer sur le sol. L'adulte récompense le chien s'il reste calme. Le chien et le lapin ne devraient pas encore être autorisés à se renifler.

🐾 Après plusieurs jours, tu devrais pouvoir laisser le chien et le lapin se rapprocher, mais ne retire pas la laisse du chien au cas où il voudrait bondir sur le lapin. Tu peux mettre une muselière au chien pour faire cette expérience. Assure-toi qu'il y a dans la pièce des endroits hors de portée du chien où le lapin pourra aller se réfugier s'il se sent menacé.

🐾 L'exercice est réussi quand le chien et le lapin peuvent être dans la même pièce en toute sécurité, mais sous supervision. Ne les laisse jamais seuls ensemble.

Même si ton chien et ton lapin ont l'air d'être les meilleurs amis du monde, ils ne doivent jamais être laissés seuls.

21

Des lapins d'intérieur

Les lapins sont tellement sociables que si on s'en occupe bien et si on leur réserve un endroit adéquat, ils peuvent être des animaux domestiques très agréables et très heureux.

Les garder à l'intérieur

Tu peux avoir une pièce spéciale pour tes lapins avec un clapier et une zone d'exercice, ou tu peux les mettre dans une grande cage avec un bac à litière. Recouvre le fond avec une peau de mouton synthétique, du linoléum, des serviettes ou du papier journal. Tu peux apprendre à tes lapins à faire leurs besoins dans un bac à litière en y mettant quelques-unes de leurs crottes. Tu devras aussi mettre dans la cage du foin, un abreuvoir et un bol à nourriture. Place la cage loin des courants d'air et des radiateurs et à l'abri de la lumière du soleil pour que tes lapins n'aient pas trop chaud. Les bruits forts risquent de les stresser; il est donc préférable de placer la cage loin de la télévision et du système de son.

Les lapins peuvent vivre heureux à l'intérieur. Assure-toi qu'ils disposent d'un endroit sécuritaire où ils peuvent vivre, s'amuser et faire de l'exercice.

22

Les garder en sécurité

Que tu gardes tes lapins dans une pièce ou que tu les laisses vagabonder, il faut veiller à leur sécurité. Si tes lapins se trouvent dans une pièce où il y a un foyer ouvert, place un pare-feu. Ne les laisse pas livrés à eux-mêmes s'il y a des meubles en bois ou des tapis qu'ils peuvent mordiller. Les lapins peuvent facilement tomber dans les escaliers. Il faut donc mettre une barrière pour les empêcher de monter les escaliers. Ne les laisse pas dans la cuisine ni sans surveillance lorsqu'ils sont avec d'autres animaux, tels que des chats et des chiens.

Ne mets pas de plantes dans les pièces réservées aux lapins, car elles sont dangereuses pour eux.

Les lapins et les pièces utilitaires

Ne garde pas tes lapins dans une pièce utilitaire, car elle peut être surchauffée et bruyante. Il peut aussi y avoir des câbles que tes lapins risquent de ronger; ils peuvent aussi essayer d'entrer dans la laveuse.

Mâchouiller un fil électrique pourrait tuer ton lapin ou causer un incendie.

Assure-toi que les câbles électriques sont recouverts et hors de portée de tes lapins pour qu'ils ne puissent pas les mordiller.

Jouer avec tes lapins

Les lapins sont actifs de nature. Ils ont besoin de bouger et d'avoir quelque chose à faire. Il est injuste de les laisser dans leur clapier pendant de longues périodes durant le jour. Il existe des façons simples d'amuser les lapins et tu n'as pas à dépenser beaucoup d'argent pour acheter des accessoires.

Des jouets amusants

C'est en jouant avec tes lapins quand ils sont jeunes que vous pouvez devenir amis. Place quelques boîtes en carton remplies de foin dans la zone réservée à l'exercice pour que les lapins puissent s'en servir de terrier et se cacher. Tu peux joindre plusieurs boîtes ensemble et faire des trous sur les côtés, assez gros pour que les lapins puissent passer à travers. Les lapins aiment aussi se cacher sous de vieilles serviettes. Les tubes en carton que l'on trouve à l'intérieur des rouleaux de papier pour la cuisine et de papier hygiénique sont des jouets simples qu'ils s'amuseront à faire rouler.

Les lapins aiment entrer et sortir par les trous des boîtes en carton.

Des jeux pour lapins

Certains lapins s'amusent beaucoup à faire rouler des boules avec des grelots et même des ballons! Tu peux acheter des boules pour les lapins dans les animaleries et les remplir de granules de luzerne et d'autres gâteries. Quand le lapin les fait rouler, les gâteries se mettent à tomber. Tu peux apprendre à ton compagnon à jouer à cache-cache. Montre-lui que tu caches une friandise dans ta main et va te cacher derrière quelque chose. Quand le lapin te trouvera, donne-lui la friandise.

Les pots de fleurs font des endroits parfaits pour se cacher. Tu peux les stabiliser avec une pierre ou une brique.

Jouer en sécurité

Il est toujours préférable de jouer avec les lapins sur le sol. Assieds-toi par terre et fais rouler une boule ou un tube vers ton compagnon. Il finira peut-être par te le renvoyer. La colonne vertébrale des lapins est très fragile et ils peuvent se blesser gravement ou même mourir s'ils tombent. Ne joue jamais avec eux sur des sofas, des tables, des chaises ou sur toute autre surface d'où ils risqueraient de tomber.

Donne à tes lapins l'habitude de jouer avec toi sur le sol.

25

Bilans de santé

Le vétérinaire est une source de conseils sur les soins aux lapins. Trouve un vétérinaire dans ta région en cherchant dans les pages jaunes de l'annuaire ou demande à des amis ou à des voisins qui ont un lapin de t'en recommander un.

Examen médical

La plupart des vétérinaires te recommanderont d'apporter ton lapin une fois par an pour un examen médical. Le vétérinaire vérifiera que les dents et les griffes n'ont pas trop poussé et qu'il n'a pas de parasites, tels que des puces, des poux ou des mites. Tu devrais toujours emmener ton lapin chez le vétérinaire si tu penses qu'il ne va pas bien. Les signes de maladie qu'il faut observer sont les suivants :

- Yeux, nez et oreilles qui coulent
- Difficultés à respirer
- Diarrhée
- Problèmes de peau
- Boitements
- Manque d'appétit
- Manque d'énergie

Sans maladie

La première chose à faire après avoir ramené tes lapins à la maison est de les emmener chez le vétérinaire pour qu'ils passent un examen médical. Les lapins devraient toujours être stérilisés. La stérilisation leur donne meilleur caractère et les protège contre le cancer. Parmi les problèmes médicaux courants chez les lapins, on compte les infections bactériennes et les troubles digestifs. Un lapin qui semble enrhumé, qui ne mange pas ou qui ne va pas à la selle pendant une journée complète est peut-être très malade; il faut l'emmener chez le vétérinaire.

Des dents trop longues

Si tu ne donnes pas de choses à ronger à ton lapin, ses dents deviendront trop longues. Il aura alors très mal et aura beaucoup de difficulté à ouvrir et à fermer la bouche. Ton vétérinaire devra lui raccourcir les dents pour le soulager. En plus de la nourriture dure, les lapins ont besoin d'un bloc à ronger, dans leur clapier et dans leur zone d'exercice. On peut aussi leur donner des branches de pommiers (non traités aux pesticides) pour qu'ils les mordillent.

Les légumes racines, comme les carottes, les panais et les navets, sont bons pour les dents des lapins, ainsi que les choux frisés et les choux de Bruxelles.

Les soins aux lapins âgés

En général, les vieux lapins ont besoin de soins spéciaux pour rester en forme et en bonne santé aussi longtemps que possible. Les lapins qui sont bien traités vivent en moyenne de 8 à 12 ans (mais ils pourraient vivre jusqu'à 16 ans). Les lapins qui ne font pas assez d'exercice ont tendance à vivre moins longtemps.

Soins spéciaux

Les vieux lapins tombent malades plus facilement; il faut donc que tu en prennes bien soin. Veille à ce que leur maison, leur zone d'exercice et leurs toilettes soient propres et sèches, et à ce qu'il y ait du foin et de la litière pour qu'ils puissent se terrer. Ils ont tendance à prendre du poids, ce qui peut nuire à leur santé. Assure-toi que leur régime alimentaire contient beaucoup de foin et d'herbe.

Un vieux lapin a besoin que ses dents soient régulièrement examinées par un vétérinaire; celui-ci vérifie qu'elles sont en bonne santé et pas trop longues.

Chez le vétérinaire

Les vieux lapins peuvent avoir des problèmes de dentition, d'audition et de vue ainsi que des bosses sur le corps. Emmène ton lapin chez le vétérinaire pour un examen médical au moins une fois par an et assure-toi que ses vaccins sont à jour. Le vétérinaire vérifiera ses dents et ses griffes pour qu'elles ne deviennent pas trop longues et douloureuses. Il pourra aussi prescrire des médicaments pour l'arthrite, une maladie qui rend les articulations douloureuses.

Faire ses adieux

Si ton lapin est très malade et s'il souffre, tu peux devoir mettre fin à ses jours. Le vétérinaire lui fait alors une injection pour qu'il meure sans douleur. Ensuite, tu peux laisser son corps chez le vétérinaire ou le ramener à la maison pour l'enterrer. Ton vétérinaire peut l'incinérer pour que tu puisses disperser ses cendres. La mort d'un animal de compagnie est toujours un moment triste et difficile. Pour t'aider, tu peux écrire une histoire, regarder des photos ou faire un scrapbook sur la vie de ton compagnon.

Les cimetières pour animaux

Des personnes préfèrent enterrer leur compagnon dans un cimetière pour animaux. Ton vétérinaire peut te donner tous les détails à ce sujet, ou tu peux chercher sur Internet celui qui est le plus près de chez toi. Il existe aussi des cimetières virtuels en ligne où tu peux acheter une tombe au nom de ton lapin en faisant un don qui sera versé à un organisme de protection des animaux. Beaucoup de personnes enterrent leur animal dans un endroit particulier de leur jardin. Tu peux organiser une petite cérémonie pour lui faire tes adieux.

Quand un lapin a cinq ou six ans, il se déplace plus lentement et peut rester longtemps assis ou allongé dans son coin préféré.

Glossaire

animal domestique	Animal apprivoisé et gardé par les humains
attaques de mouches	Mouches qui pondent des œufs sur un lapin sale. Lorsque les œufs éclosent, les larves pénètrent dans la peau du lapin pour se nourrir.
Béliers	Race de lapins dont les oreilles poussent jusqu'à toucher le sol et ne peuvent pas se dresser.
digestion	Procédé par lequel les aliments sont transformés à l'intérieur du corps.
engrais	Produit chimique qui est mis dans le sol ou directement sur les plantes pour les faire pousser plus vite. Les engrais sont du poison pour les lapins.
granulés concentrés	Nourriture vendue dans les animaleries, contenant un mélange équilibré de vitamines, minéraux, fibres et autres ingrédients dont les lapins ont besoin pour être en bonne santé.
lapereau	Petit de la lapine
stérilisation	Opération chirurgicale pour empêcher les lapins de se reproduire.
vaccination	Injection qui peut empêcher un animal d'attraper une maladie.

Index

abreuvoir 15, 18, 22
agression 20
angoras 5, 9
animaleries 8, 14, 25
arthrite 28
attaques de mouches 17, 30

béliers 5, 9, 30
boiter 9, 26
bols à nourriture 18, 22
bols d'eau 15
bosses 9, 28
bouteilles d'eau 15, 18, 22
brouter 19

chats 20, 23
chiens 20, 21, 23
choisir tes lapins 8
cimetières pour animaux 29
clapiers 4, 12, 13, 18, 19, 22, 24
cochons d'Inde 10
compartiment pour le repos 12, 13
concours 5
couchage 13
couper les griffes 17
coups de chaleur 9, 19
coups de pattes 7, 16

dents 7, 9, 26, 27, 28
dépression 6
désherbant 15
désinfection 18
diarrhée 9, 26
difficultés à respirer 9, 26

élevage 11
engrais 15, 30
entretien 4, 18
espèces de lapins 5
éternuements 9
exercice 4, 28
expositions 5

femelle dominante 6
friandise 25

gâteries 25
géants des Flandres 5
granulés 14
griffer 16
griffes 5, 9, 17, 28

habitat des lapins 22, 23
hypothermie 10

incinération 29

jouer 4, 12, 24, 25
jouets 24

lapereaux 6
lapins à poil court 17
lapins à poil long 5
lapins nains Néerlandais 5
lapins pure race 5
lapins Rex 5
lapins Satin 5
lapins sauvages 6, 7

maladie 8, 26
mâle dominant 6

mites 17, 26
morsure 7
mort 11, 23, 29
myxomatose 26

nourriture 7, 14, 15

parasites 26
porter 7, 8, 16
poux 17, 26
puces 17, 26

race de fantaisie 5
régime alimentaire 14, 15, 28
reproduction 11
ronger 27

santé 9, 26, 27, 28
sécurité 23, 25
stérilisation 10, 11, 30

temps chaud 12, 19
temps froid 12, 13
toilettage 16, 17
tortues 10
tyranniser 10, 11

vaccination 4, 26, 30
vétérinaire 17, 18, 26, 27, 28, 29
vieux lapins 28

zone d'exercice 12, 18, 19, 24

Notes à l'intention des parents

Notes générales

Les adultes de la famille sont responsables du bien-être des lapins et de la sécurité des enfants qui les entourent.

Vous devez vous assurer que vous avez les moyens de payer les frais de vétérinaire et d'entretien avant d'acheter un lapin.

Les clapiers devraient être aussi vastes que possible. Beaucoup de clapiers vendus dans les animaleries sont beaucoup trop petits. Les lapins sont des animaux très sociables et il n'est pas bon de n'en avoir qu'un seul ou de le laisser confiner dans son clapier pendant la majeure partie de la journée.

Il est préférable de ne pas laisser se reproduire vos lapins. Un couple de lapins reproducteurs peut avoir jusqu'à 24 lapereaux par an.

Lorsque vous partez en vacances, songez à ce que vous allez faire de vos lapins. Vous pouvez les confier à des établissements qui prennent les animaux en pension ou demander à un ami ou un voisin en qui vous avez confiance de venir chez vous deux fois par jour pour les surveiller, les nourrir, leur permettre de faire de l'exercice et les enfermer la nuit pour leur sécurité.

Si vous choisissez d'inscrire votre compagnon à un cimetière virtuel en ligne après sa mort, vérifiez que le site web est légal et que toutes les transactions financières sont sécuritaires.

Aide-mémoire sur les règles de sécurité

- Même si les lapins domestiques paraissent gentils, leur instinct les pousse à se comporter presque comme des lapins sauvages, c'est-à-dire qu'ils peuvent se montrer agressifs, mordre et griffer s'ils ne sont pas habitués à être portés lorsqu'ils sont petits. Les enfants devraient avoir des vêtements à manches longues et être surveillés quand ils portent leurs lapins.

- S'ils ne veulent pas être pris dans les bras, les lapins se débattent et doivent être posés doucement.

- Tous les enfants et les adultes de la famille devraient apprendre quelle est la meilleure façon de porter les lapins.

- Les lapins ne devraient jamais être saisis par les oreilles ou par la peau du cou. Cela leur fait mal et les stresse, et leur colonne vertébrale peut se disloquer s'ils sont fortement secoués.

- Les gros lapins, comme le Géant des Flandres, sont très lourds et ne devraient pas être portés par les enfants.

- Les lapins peuvent se blesser et mourir s'il font une chute. Pour jouer avec eux, le mieux est de se mettre sur le sol.